Schnapp dir den Ball!

und 5 weitere Fußballgeschichten

Geschichten von Luise Holthausen
Illustrationen von Eva Czerwenka

3   Fabios erstes Training

9   Schnapp dir den Ball

13   Die Zauberschuhe

18   Milans Torwarttrick

23   Nils im Stadion

29   Der Fußball aus Lima

FSC
www.fsc.org
MIX
Papier aus ver-
antwortungsvollen
Quellen
FSC® C107574

© Carlsen Verlag GmbH, Hamburg 2016 | ISBN: 978-3-551-22138-4
Illustrationen von Eva Czerwenka | Illustration der Lesemaus: Hildegard Müller
Lektorat: Caroline Fuchs | Umschlagkonzeption: Karin Kröll
Lithografie: ReproTechnik Fromme, Hamburg
Druck und Bindung: BALTO Print, Vilnius | Printed in Lithuania

CARLSEN-Newsletter: Tolle Lesetipps kostenlos per E-Mail!
Unsere Bücher gibt es überall im Buchhandel und auf carlsen.de.

Fabios erstes Training

Es ist Dienstag. Die Uhr im Wohnzimmer schlägt drei. Fabio steht im Flur mit Sporthose und Trainingsjacke, die Tasche mit den Fußballschuhen in der Hand. Als es klingelt, reißt er sofort die Tür auf. Vor ihm steht sein Freund Sven. Auch er ist voll ausgerüstet für ihr erstes Fußballtraining.

»Mama, wo bleibst du denn? Wir müssen los!«, ruft Fabio und stürmt mit Sven zum Auto. »Schneller, schneller!«, drängelt er, als sie losfahren. Mama lacht nur. Fabio grummelt. Muss Mama denn fahren wie eine Schnecke?

Endlich sind sie am Sportplatz. Fabio schlüpft in seine Fußballschuhe und bindet sorgfältig einen Doppelknoten, damit die Schleife auch bestimmt nicht aufgeht. Nun ist er bereit. Es kann losgehen!

Mama winkt Fabio und Sven zu. »Viel Spaß, ihr beiden!«, ruft sie. »Ich hole euch nachher wieder ab.«

Fabio nickt bloß. Er hat keine Zeit

zu antworten. Er muss dem Trainer zuhören. »Das sind unsere beiden Neuen, Fabio und Sven«, stellt er sie der Mannschaft vor. »Wir freuen uns über eure Verstärkung. Und ich bin Markus. Also los geht's, auf den Platz mit euch! Zuerst wärmen wir uns auf, danach machen wir ein paar Übungen mit dem Ball und am Schluss ein Trainingsspiel.«

Beim Aufwärmen ist Fabio eifrig bei der Sache. Aufwärmen ist wichtig, das weiß er, damit man sich nicht verletzt. Zusammen mit Sven und den anderen trabt er um den Platz, springt und hüpft und dehnt sich. Danach hilft er, die großen Netze mit den Bällen und die Plastikhütchen aus dem Vereinshaus zu holen. Markus stellt die Hütchen in einer Reihe auf, immer mit etwas Abstand dazwischen.

»Und nun im Slalom um die Hütchen«, kommandiert er.

Es ist gar nicht so leicht, mit dem Ball am Fuß um die Hütchen zu dribbeln. Markus unterbricht sie immer wieder und zeigt ihnen, wie sie es besser machen können.

Später üben sie das Passspiel vor dem Tor. Fabio hat Sven als Partner. Das klappt super. Sie haben es ja oft genug auf der Wiese vor dem Haus geübt: Fabio zu Sven, Sven ins Tor. Oder Sven zu Fabio, Fabio ins Tor. Sogar mit verbundenen Augen würden sie das hinkriegen.

Auf der Wiese war das Tor allerdings zwischen zwei Apfelbäumen, und wenn sie nur zu zweit waren, gab's auch keinen Torwart. Hier hat das Tor richtige Pfosten und ein Netz, und davor steht Robin mit seinen Torwart-handschuhen. Sven trifft trotzdem. Und Fabio auch fast.

Am schönsten ist das Trainingsspiel am Ende der Stunde. Darauf hat Fabio sich schon die ganze Zeit gefreut. Zusammen mit Sven rennt und ackert er, erkämpft sich die Bälle und schießt aufs Tor. Das ist so toll!

Markus schaut aufmerksam zu, unterbricht aber diesmal nicht. Erst als er am Ende der Trainingsstunde abpfeift, sagt er: »Sven, du spielst beim nächsten Mal im Sturm. Und du, Fabio, bist Verteidiger.«

Fabio ist wie vom Donner gerührt.

»Und, hat es euch gefallen?«, fragt Mama auf dem Heimweg.

»Oh ja!«, ruft Sven.

Fabio sagt nichts. In ihm zwickt und zwackt es ganz fürchterlich. Warum darf er nicht im Sturm spielen? Ist er denn so viel schlechter als Sven? Er hatte sich doch so auf sein erstes Training gefreut. Aber jetzt würde er sich am liebsten gleich wieder abmelden.

Viel zu schnell vergehen die Tage. Fabio hat zu nichts Lust. Nicht

einmal mit Sven auf der Wiese Fußball spielen macht ihm noch Spaß. Er weiß ja, dass er beim nächsten Training nicht sein Sturmpartner sein wird. Während Sven vorne Tore schießt, wird Fabio hinten blöd rumstehen. Gemein ist das!

Dann ist es schon wieder Dienstag und die Wohnzimmeruhr schlägt drei. An der Tür klingelt es. Mama ruft: »Fabio, wo bleibst du denn? Sven ist da, wir müssen los!«

Fabio trödelt halb angezogen über den Flur. Damit es schneller geht, hilft Mama ihm beim Anziehen der Trainingsjacke und schleppt ihn samt Fußballtasche hinter sich her zum Auto.

»Nicht so schnell«, nörgelt Fabio. Muss Mama denn fahren wie ein Rennfahrer?

»Hallo, Jungs«, begrüßt Markus sie freundlich auf dem Fußballplatz. Die anderen aus der Mannschaft klatschen sie ab. Fabio und Sven gehören schon richtig dazu.

Diesmal sollen nach dem Aufwärmen alle einen Kreis bilden. Einer steht in der Mitte und muss versuchen den Ball abzufangen, den die anderen sich zuspielen. Das macht Fabio sogar ein bisschen Spaß. Ball abfangen, das kann er gut. Da macht ihm keiner was vor.

Aber dann, am Schluss, kommt wieder das Trainingsspiel. Wie eine dunkle Wolke schwebte der Gedanke daran die ganze Woche über Fabio. Das kann ja nur blöd werden! Sven und er sind zwar in einem Team, aber richtig zusammen spielen sie trotzdem nicht. Denn Fabio muss hinten aufpassen. Und Sven sprintet die ganze Zeit über das Spielfeld und jagt einen Ball nach dem anderen ins Tor. Sein Sturmpartner hat gar nichts zu tun, so gut ist Sven.

Mit jedem Tor, das Sven schießt, zwickt und zwackt es mehr in Fabio. Und bestimmt zwickt und zwackt es auch im gegnerischen Stürmer. Der hat bei Fabio nämlich nichts zu lachen. Kaum taucht er in Fabios Hälfte auf, hat Fabio ihm auch schon den Ball abgenommen und wieder nach vorne gespielt. Ha!

»Heute muss ich ein Sonderlob aussprechen«, verkündet Markus nach

Spielende. Klar, ein Sonderlob für Sven. Fabio will sich schon die Ohren zuhalten, da hört er Markus sagen: »Viele denken, nur wer die Tore schießt, ist wichtig. Das führt dazu, dass sie vergessen, dass Fußball ein Mannschaftssport ist. Sie stehen nicht alleine auf dem Platz.« Bei diesen Worten schaut Markus Sven an. Der wird knallrot. »Aber ein Spiel wird auch hinten gewonnen. Denn was nutzen alle Tore, die man schießt, wenn man keinen guten Verteidiger hat, der die Gegentore verhindert? Zum Glück haben wir einen. Fabio, das war ein Superspiel von dir!«

Fabio ist wie vom Donner gerührt.

»Und, hat es euch gefallen?«, fragt Mama auf dem Heimweg.

»Oh ja!«, ruft Fabio glücklich.

Schnapp dir den Ball

Julian spielt im Garten mit Tasso. »Schnapp dir den Ball!«, ruft er und schleudert einen Tennisball über den Rasen. Mit fliegenden Ohren jagt der junge Labrador hinterher. Vor lauter Eifer kugelt Tasso beinahe über den Ball, dann schnappt er ihn und trabt stolz zurück.

Julian hebt einen Finger, so wie er es in der Hundeschule gelernt hat. »Sitz. Und Aus!« Brav lässt Tasso sich auf sein Hinterteil nieder und legt Julian den Ball vor die Füße.

»Super! Das hast du toll gemacht!« Julian knuddelt seinen Hund. »Wuff!«, macht der und wedelt mit dem Schwanz. Das soll wohl heißen: »Noch mal!«

»Julian?« Am Wohnzimmerfenster erscheint Mamas Kopf. »Könntest du heute mit Tasso Gassi gehen? Ich muss noch so viel erledigen.«

Klar kann Julian das machen! Seit Tasso vor einem halben Jahr als Welpe zu ihnen gekommen ist, verbringt Julian ja sowieso fast jede freie Minute mit ihm. Wo Julian ist, ist auch Tasso. Und wo Tasso ist, ist auch Julian.

»Ich hab eine Idee«, sagt Julian, während er Tasso an die Leine nimmt. »Wir gehen zum Fußballplatz!«

»Wuff«, antwortet Tasso. Das soll wohl heißen: »Eine Superidee!« Den Fußballplatz kennt er noch nicht, denn zum Training darf Julian ihn nicht mitnehmen. Aber heute spielt die A-Jugend, da können sie zusammen zugucken.

Als sie nach einem Abstecher zu Tassos Lieblingsbaum am Sportplatz ankommen, ist das Spiel schon in vollem Gange. Gerade hat die Nummer 6 Einwurf. Der Ball landet bei der Nummer 10, die sofort an den lauernden Stürmer abgibt.

»Das mit der Nummer 10 ist Christopher«, erklärt Julian seinem Hund. »Der beste Spielmacher, den es gibt! Und der Superstürmer da, das ist Hakan. Sein kleiner Bruder spielt bei mir in der Mannschaft. Guck, jetzt zieht er ab, Schuss und ... Mist, gehalten.«

Aufmerksam schaut Tasso auf das Spielfeld. Christopher zieht von der Mittelfeldposition aus die Fäden. Fast jeder Spielzug läuft über ihn. Gekonnt verteilt er die Bälle und spielt Hakan immer wieder direkt in den Lauf. Doch spätestens vor dem gegnerischen Tor ist Endstation.

Julian rauft sich die Haare. »Das gibt's doch nicht! Der kann doch nicht alles halten!«

»Wuff«, stimmt Tasso zu.

Jetzt läuft ein Konter gegen Christopher und seine Mannschaft.

Pfeilschnell jagt der gegnerische Stürmer an allen vorbei. Der Torwart kann den Ball gerade noch mit der Faust abwehren.

»Ah«, stöhnt Julian erleichtert auf. Tasso winselt.

Ohne Verschnaufpause geht es weiter. Christopher gewinnt einen Zweikampf und versucht es nun über außen. Doch seine Flanke auf Hakan gerät einen Tick zu lang. Hakan sprintet wie verrückt, um doch noch an den Ball zu kommen.

»Den kriegst du, Hakan!«, schreit Julian. Tasso bellt.

Aber der gegnerische Verteidiger ist schneller. Hakan lässt trotzdem nicht locker und versucht, ihm den Ball vom Fuß zu spitzeln.

»Ja!«, brüllt Julian. »Schnapp dir den Ball!«

Im nächsten Moment reißt es ihn von den Füßen und er landet platt auf dem Bauch. Tasso jagt mit hängender Leine und fliegenden Ohren über das Spielfeld. Weil er den Fußball mit den Zähnen nicht richtig packen kann, gibt er ihm mit der Schnauze einen ordentlichen Schubs. Da kann der Torwart dem Ball nur noch verdutzt zuschauen, wie er in hohem Bogen ins Netz fliegt.

»Wuff, wuff«, bellt Tasso zufrieden. Und das soll wohl heißen: »Tor! Endlich!«

Wieso ist Tasso losgerannt?

Die Zauberschuhe

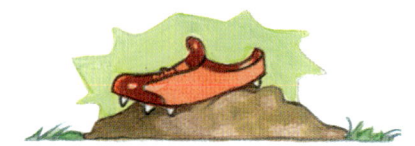

Lukas' großer Bruder Paul packt seine Tasche fürs Fußballinternat.

»Hier, die schenk ich dir«, sagt er und drückt Lukas ein Paar abgewetzte rote Fußballschuhe in die Hand.

Ehrfürchtig streicht Lukas über das rissige Leder. Er weiß genau, was das für Schuhe sind. Mit denen hat Paul die Aufnahme ins Fußballinternat geschafft. Jetzt wird Paul bestimmt bald ein Profi! In ein paar Jahren werden sich die Bundesligavereine um ihn reißen. Und in der Nationalmannschaft wird er sowieso spielen. Die Fernsehreporter werden ihm nachrennen und die Zeitungen werden schreiben: »Paul, der Superstürmer«.

Und alles nur wegen dieser roten Fußballschuhe.

Als Lukas die Schuhe zum ersten Mal anprobiert, spürt er es gleich: Sie fühlen sich wirklich besonders an. Mit ihnen läuft er ganz anders als in seinen normalen Fußballschuhen.

»Wie siehst du denn aus?«, kichert seine Schwester Alina, als er über den Flur schwebt.

Aber auf so eine blöde Frage antwortet Lukas gar nicht.

Am Samstag hat Lukas ein wichtiges Spiel. Mama schaut auf Lukas' Füße und fragt: »Willst du wirklich diese Schuhe anziehen?«

»Die hat Paul mir geschenkt«, erklärt Lukas.

»Ich glaube, Pauls Schuhe sind dir noch zu groß«, meint Mama vorsichtig.

Lukas geht in sein Zimmer und zieht extradicke Wintersocken an. Dann zerrt er so lange an den Schnürsenkeln, bis die Schuhe ganz eng sitzen.

»Siehst du«, Lukas wackelt mit einem Fuß vor Mama, »sie passen mir.« Da sagt Mama nichts mehr.

Auf dem Fußballplatz herrscht schon wilde Aufregung. Herr Gabler, der Trainer, wischt sich den Schweiß von der Stirn.

»Jungs, ihr wisst, worum es geht«, beginnt er seine Ansprache. »Die letzten drei Spiele haben wir vergeigt. Heute müssen wir gewinnen, sonst sind wir Tabellenletzter und kriegen die rote Laterne. Also, seid ihr bereit?«

»Ja!«, brüllen alle.

»Lukas, du musst heute treffen.« Der Blick von Herrn Gabler fällt auf die roten Schuhe. »Kannst du mit diesen Tretern überhaupt spielen?«, fragt er ungläubig.

»Na klar«, antwortet Lukas. Ob Paul sich auch dauernd solche Sprüche anhören musste?

»Lukas, wir zählen auf dich!«, beschwört ihn der Trainer. »Jan ist krank, wir haben also keinen Ersatzstürmer.«

Lukas nickt. Das weiß er alles. Deshalb hat er doch heute die Zauberschuhe angezogen. Wenn alles nichts hilft, dann das.

Gemeinsam laufen sie auf den Platz auf.

»Was hat der denn für komische Schuhe an«, hört er den Torwart der anderen Mannschaft prusten.

Lukas stellt seine Ohren auf Durchzug. Die werden schon noch sehen, was diese Schuhe alles können!

Zunächst aber können vor allem die gegnerischen Spieler was. Sie scheinen überall und nirgends zu sein. Es ist wie bei der Geschichte vom Hasen und vom Igel. Immer, wenn Lukas vor dem Tor auftaucht, ist schon jemand da und nimmt ihm den Ball ab. Und dann ist heute der Rasen so uneben, dass er ständig den Ball verstolpert.

Heiß ist es auch. Lukas' Füße kochen in den dicken Wintersocken.

»Zieh doch erst mal richtige Schuhe an«, grölt ein Verteidiger.

Trotzig streckt Lukas ihm die Zunge raus und rennt wieder los. Diesmal versucht er es durch die Mitte. Mist, da muss schon wieder so ein Hubbel gewesen sein. Hat seit dem letzten

Training etwa eine Maulwurfsfamilie den Rasen umgegraben? Lukas macht das Bein lang, um den verlorenen Ball zurückzuerobern.

Da fühlt sich sein Fuß plötzlich ganz merkwürdig an. So leicht irgendwie. Der Schuh rutscht ihm vom Fuß und fliegt durch die Luft. Mit vollem Schwung trifft er den Ball – und schmettert ihn ins Tor!

»Tor!«, brüllt Lukas' gesamte Mannschaft.

Die Gegner stehen mit offenem Mund da. »Das gilt nicht«, meckert der Torwart.

Aber das gilt doch. Tor ist Tor. Und Lukas' Schuhe sind Zauberschuhe. Er hat's ja gewusst!

Wieso glaubt Lukas an den Sieg?

Milans Torwarttrick

Der Schiedsrichter pfeift und zeigt auf den Elfmeterpunkt. Da kommt Milan jetzt nicht mehr drumrum, er muss einen Elfmeter halten. »Mist!«, murmelt Milan. Musste Benni den gegnerischen Stürmer unbedingt schubsen? Und dann auch noch im Strafraum!

»Den hältst du, Milan«, ruft Emma ihm zu.

Die hat gut reden! Emma spielt zwar super im Mittelfeld, aber im Tor hat sie noch nie gestanden. Und auch wenn bei ihnen in der F-Jugend ein Elfmeter nur ein Siebenmeter ist, weil sie noch nicht auf dem großen Feld und mit den großen Toren spielen: Milan wird ihn nicht halten. Weil er noch nie einen Siebenmeter gehalten hat.

Die Nummer 9 legt sich den Ball zurecht. Milan spannt die Muskeln an und fixiert den Ball. Die Nummer 9 läuft an, trifft aber nicht gut. Der Ball holpert über den Rasen, genau auf Milan zu. Das ist die Chance! Milan wirft sich dem

Ball entgegen, aber der rutscht ihm durch die Hände und kullert ins Netz.

Die Gegner jubeln. »Blöder Mist!«, schimpft Milan. Vorhin waren sie noch auf der Siegerstraße und jetzt steht es 3:3. Wenn das mal gut geht!

»Abhaken, weiter geht's«, versucht der Trainer sie aufzumuntern. Aber die Mannschaft ist vollkommen von der Rolle. Emma spielt, als hätte sie zwei linke Füße. Benni trabt nur noch neben seinem Gegenspieler her. Und Milan hält überhaupt nichts mehr. Beim Schlusspfiff steht es 6:3 für die anderen.

»Das war ein komisches Spiel«, meint Emma, als sie später bei Milan im Kinderzimmer sitzen. »Zuerst lief es doch gut. Aber dann waren wir auf einmal grottenschlecht.«

Milan nickt düster. »Das lag nur an mir.«

»Das lag an Benni«, widerspricht Emma. »An seinem doofen Foul. Nach dem Siebener hatte ich Beine wie Wackelpudding.«

»Und wenn ich den gehalten hätte?«, fragt Milan. »Hättest du dann auch Wackelpudding in den Beinen gehabt?«

Emma kaut an ihrer Unterlippe und sagt nichts.

Milan springt auf. »Hilfst du mir? Ich will noch mal üben. Damit ich beim nächsten Mal besser bin.«

Zusammen gehen sie zurück zum Sportplatz. Milan stellt sich ins Tor

und Emma schießt vom Siebenmeterpunkt. Rechts, links, oben ins Eck, flach ins Netz. Milan fliegt und faustet und hechtet und hält mindestens die Hälfte. Warum gelingt ihm so was nie im Spiel?

»Das ist doch alles Quatsch«, sagt Emma plötzlich. »Du hast im Spiel nämlich auch Wackelpudding-Beine. Bei jedem Siebener. Daran liegt es. Und gegen Wackelpudding helfen keine Sonderschichten.«

Emma hat Recht. Aber was hilft dann?

»Ich hab mit meinem Papa mal was im Fernsehen über eine Weltmeisterschaft gesehen«, erzählt Emma. »Da war ein Torwart, der hatte einen Trick. Vor dem Elfmeterschießen hat er auf einen Spickzettel geguckt. Auf dem stand, welcher Spieler am liebsten in welche Ecke schießt. Mein Papa sagt, der Torwart war so überzeugt, dass ihm das hilft, dass er schon deswegen gehalten hat.«

Ein Torwarttrick. Das ist gut. So einen könnte Milan auch brauchen. Bloß, wo soll er einen herkriegen?

»Ich hab aber keinen Torwarttrick«, meint er niedergeschlagen. »Komm, wir üben weiter.«

Emma seufzt, aber dann geht sie mit dem Ball wieder zum Siebenmeterpunkt. Milan beobachtet sie genau. Und da fällt ihm etwas auf. Bevor Emma gegen den Ball tritt, huscht ihr Blick in die linke Ecke des Tors. Und genau da schießt sie dann auch hin.

»Du kannst ja alles halten«, staunt Emma nach dem fünften Ball.

Ich schaffe das, denkt Milan, als sie am nächsten Wochenende auf den Platz laufen. Mit breiter Brust stellt er sich ins Tor. Heute wird er seinen Kasten sauber halten!

Die gegnerische Mannschaft hat Anstoß und startet gleich den ersten Angriff. Die Nummer 13 kommt bis in Milans Strafraum, doch Benni grätscht ihr den Ball gekonnt vom Fuß. Sofort lässt sich die 13 fallen.

»Das war eine Schwalbe!«, brüllt Benni.

Leider ist der Schiedsrichter anderer Meinung. Er pfeift und zeigt auf den Siebenmeterpunkt. Sofort springt die Nummer 13 wieder auf, um selbst zu schießen.

»Das ist total unfair!«, schreit Emma. An der Seitenlinie tobt der Trainer.

Milan hört das kaum. Er fixiert die Nummer 13. Die Nummer 13 starrt zurück.

Wieder pfeift der Schiedsrichter. Die 13 schaut einen Moment ins rechte Eck, nur den Bruchteil einer Sekunde, dann zieht sie ab.

Milan schmeißt sich ins rechte Eck und faustet den Ball ins Aus.

»Gehalten! Ich hab einen Siebener gehalten!«, brüllt er.

Der Rest des Spiels ist kinderleicht. Die Nummer 13 kriegt gegen Benni kein Bein mehr auf die Erde. Emma wächst über sich hinaus, liefert zwei Torvorlagen und schießt auch selbst noch ein Tor. Am Schluss gewinnen sie 5:0.

»Das war ein super Spiel. Aber woher hast du bloß gewusst, in welche Ecke der Typ schießt?«, will Emma wissen.

»Geheimer Torwarttrick!« Milan grinst. »Hab ich von dir gelernt.«

Im Fußball ist eine Schwalbe der Versuch eines Spielers, ein Foul vorzutäuschen. Wie findest du das?

Nils im Stadion

Bald beginnt das Spiel. Vor dem Stadion brodelt es. Nils greift nach Papas Hand, damit er ihn nicht verliert. So viele Fußballfans drängen sich an den Eingängen! Sie tragen Schals und Trikots mit den Nummern ihrer Lieblingsspieler. Auch Nils hat ein Trikot an. »11 Nils«, steht auf der Rückseite. Und vorne prangt in großen Buchstaben: »Torschützenkönig«.

Aufgeregt schaut Nils sich in dem Menschengewühl um.

»Papa, wohin müssen wir jetzt?«, fragt er.

»Zum Süd-Eingang, dort werden wir abgeholt«, antwortet Papa und schiebt sich mit Nils zwischen den Fans hindurch.

Da kommt ein grauhaariger Mann auf sie zu: »Hallo, bist du Nils?« Nils nickt. Der Mann schüttelt erst ihm, dann Papa die Hand. »Ich bin Anton Haas, der Zeugwart.« Er grinst. »Oder besser, das Mädchen für alles. Ich hab gehört, du bist in der letzten Saison Torschützenkönig der F-Jugend geworden.«

»Ja, ich hab einundzwanzig Tore geschossen«, erzählt Nils stolz. »Und darum darf ich heute ins Stadion.«

»Deswegen bin ich hier«, erklärt Herr Haas. »Ich bring dich zu deinem Ehrenplatz in der ersten Reihe.«

Nils strahlt. Erste Reihe, da sitzt er ja ganz nah bei den Spielern. Vor allem ganz nah bei Kevin Kowalski! Sein Herz klopft schneller. Kevin ist sein großes Vorbild. Letztes Jahr hat der noch in der A-Jugend seines Vereins gespielt. Da war er Torschützenkönig, genau wie Nils jetzt. Und dann wurde Kevin zu den Profis geholt. Obwohl er erst neunzehn Jahre alt ist! Nils will es später auch zu den Profis schaffen. Das hat er sich fest vorgenommen.

Herr Haas führt Nils und Papa zu ihren Ehrenplätzen. Gerade liest der Stadionsprecher die Aufstellung der Startelf vor: »Mit der Nummer 11 Kevin ...«

»Kowalski!«, brüllen die Zuschauer.

»Hast du das gehört, Papa?« Vor Aufregung hüpft Nils auf seinem Sitz auf und ab. »Kevin darf zum ersten Mal von Anfang an spielen.«

Und das ausgerechnet heute, wo Nils dabei ist. Wenn das kein gutes Zeichen ist! Vielleicht schießt Kevin sogar ein Tor?

Anpfiff. Es geht los. Lautstark feuern die Fans ihre Mannschaft an. Das Spiel wogt hin und her. Mal läuft es für die Blauen besser, mal für die Roten, aber es fällt kein Tor. Kevin ist nur selten im Ballbesitz. Als er auch noch einen Fehlpass spielt und der Ball beim Gegner landet, beginnen einige Zuschauer zu pfeifen.

»Auspfeifen ist gemein!«, ruft Nils.

Aber die Fehlpässe der Blauen häufen sich. Ärgerlich schaut Nils zu Papa. »Das ist nur wegen der blöden Fans!«

Da geht ein Aufstöhnen durch die Menge.

»Tor!«, jubeln die Roten.

Nils zuckt zusammen und schaut schnell wieder aufs Spielfeld. Der Ball liegt im Netz. Aber im falschen. Es steht 0:1. Und er hat es nicht mitgekriegt! Weil er einen Moment nicht hingeschaut hat. Zum Glück wird auf der großen Videoleinwand eine Wiederholung gezeigt.

Kurz darauf pfeift der Schiedsrichter ab. Halbzeit. Mit hängenden Köpfen trotten die Blauen vom Feld. »Oje, hoffentlich schimpft der Trainer in der Kabine nicht so doll«, sagt Nils mitleidig.

»Er wird vor allem versuchen, die Spieler wieder aufzumuntern«, meint Papa.

Da würde Nils ja zu gerne zuhören. Aber außer Trainer und Spielern

darf leider niemand in die Kabine. Allenfalls noch Herr Haas, der Zeugwart, der sich um Trikots, Fußballschuhe und Getränke kümmert.

Aber der Trainer scheint die richtigen Worte gefunden zu haben, denn in der zweiten Halbzeit sind die Blauen wie verwandelt. Sie kämpfen um jeden Ball und erarbeiten sich eine Menge Torchancen. Bei einem Freistoß schafft der Kapitän schließlich den Ausgleich. Da stehen endlich auch die Fans wieder voll hinter ihrer Mannschaft.

»Ko-wal-ski«, brüllen sie, als Kevin über links außen nach vorne stürmt.

Jetzt ist er genau auf ihrer Höhe. Nils schreit mit: »Kevin, Kevin!«

Ein Roter sprintet auf ihn zu und grätscht den Ball ins Aus. In hohem Bogen fliegt er über die Bande, genau auf Nils zu. Der springt mit ausgestreckten Armen hoch. »Ich hab ihn!«, jubelt er.

Der Schiedsrichter gibt Einwurf für die Blauen. Kevin schaut sich suchend um. Nils holt tief Luft und wirft ihm den Ball zu. Ein Glück, er hat gut gezielt! Kevin fängt den Ball locker auf und wirft ihn einem anderen Blauen zu. Der nimmt ihn an und stürmt sofort Richtung Tor. Bevor zwei Rote ihn in die Zange nehmen können, flankt er auf Kevin und der köpft den Ball über den gegnerischen Torwart hinweg ins Netz. Sofort verwandelt sich das Stadion in ein Fahnenmeer. Nils jubelt mit. Kevin hat sie in Führung geschossen!

Der Stadionsprecher ruft: »Das 2:1 durch unseren Kevin ...«, und die Zuschauer ergänzen: »Kowalski!«

Danach versuchen die Roten zwar alles, um das Blatt noch mal zu wenden, aber die Blauen lassen sie nicht mehr zum Zug kommen. Es bleibt beim 2:1.

Nach dem Schlusspfiff verschwinden die Roten schnell in der Kabine, aber Kevin und seine Teamkollegen bedanken sich noch mit einer Ehrenrunde bei den Fans für die Unterstützung.

»Das war toll!« Auch als die Spieler längst den Platz verlassen haben, kann Nils sich noch nicht trennen.

Da taucht Herr Haas wieder auf. »Komm mit, ich habe eine Überraschung für dich«, sagt er geheimnisvoll.

Neugierig folgt Nils ihm zusammen mit Papa durch die Katakomben des Stadions. Es wimmelt von Fotografen, Presse und Vereinsleuten. Von irgendwoher ertönen »Ole-Ole«-Rufe und »So sehen Sieger aus«. Dann öffnet Herr Haas eine Tür und zieht Nils mit sich. Jubelgesänge schallen ihnen entgegen. Überwältigt schaut Nils sich um. Er steht in der Spielerkabine, mitten unter den Profis! Kevin Kowalski kommt auf ihn zu und drückt ihm einen Ball in die Hand. Alle Spieler haben darauf unterschrieben.

»Für dich!«, verkündet Kevin feierlich.

Sprachlos drückt Nils den Ball an sich. Mit dem hat Kevin das Siegtor geschossen! Und ein bisschen, so ein klitzekleines bisschen hat er selbst bei diesem Tor ja auch mitgeholfen.

Wer ist dein Fußballstar?

Der Fußball aus Lima

An Luis' sechstem Geburtstag steht plötzlich sein Onkel Enrico aus Südamerika vor der Tür. Das ist eine Überraschung! Mit einem feierlichen »Herzlichen Glückwunsch« drückt er Luis eine große bunte Schachtel in die Hand.

»Was ist da drin?« Neugierig hebt Luis den Deckel von der Schachtel. »Ein Fußball!«, ruft er glücklich.

»Den hab ich auf dem Markt in Lima entdeckt«, erzählt Onkel Enrico. »Da lag er zwischen lauter Krimskrams und schien mir zuzurufen: Nimm mich mit! Ich gehöre zu Luis!«

Mit leuchtenden Augen nimmt Luis den Ball aus der Schachtel. Er fühlt sich wundervoll an! Als wäre er nur für ihn gemacht.

Von nun an lässt Luis seinen Fußball keine Sekunde aus den Augen. Tagsüber tobt er mit ihm herum. Nachts legt er ihn neben sein Bett.

Als Luis eines Tages wieder auf der Wiese zwischen den Häusern spielt, kommt das Nachbarmädchen Nele vorbei. Der Ball schlägt einen Haken und rollt auf sie zu.

Verdutzt schaut sich Luis um. »Wo ist mein Ball denn auf einmal?«

»Hier«, kichert Nele. »Darf ich mitspielen?«

»Klar.« Luis strahlt. Und der Ball hüpft.

Bald sind sie so in ihr Spiel vertieft, dass sie die beiden großen Jungen gar nicht bemerken, die breitbeinig auf die Wiese gestiefelt kommen. Nur der Ball spürt plötzlich einen schweren Tritt, dann liegt er mitten im Dornengestrüpp.

»Max, du bist der allerblödeste große Bruder, den es gibt«, schnaubt Nele. »Hol uns sofort den Ball wieder!«

Aber Max lacht nur hämisch. »Und was krieg ich dafür?«

Sein Freund Jonas holt tatsächlich den Ball aus den Dornen und klemmt ihn unter den Arm.

»Gib her«, verlangt Luis.

Jonas feixt: »Komm und hol ihn dir!«

Doch bevor Luis ihm den Ball wegnehmen kann, wirft Jonas ihn schnell zu Max. »Wir spielen um den Ball. Wenn ihr gewinnt, darfst du ihn behalten. Wenn wir gewinnen, gehört er uns.«

»Das ist unfair«, protestiert Luis. Es ist doch sein Ball! Aber das ist den beiden Jungs egal. Nur weil sie größer und stärker sind, glauben sie, sie wären die Bestimmer.

»Das Tor ist zwischen den beiden Bäumen«, ruft Max und legt sich den Ball zurecht. Genau in dem Moment, als er Anlauf nimmt, rollt der Ball ein Stück zur Seite und Max tritt in die Luft.

Luis kichert.

Max wirft ihm einen wütenden Blick zu und holt erneut aus. Diesmal trifft er den Ball und zirkelt ihn genau aufs Tor. Schon reißt er die Arme hoch, um seinen Treffer zu bejubeln. Da stoppt der Ball mitten im Flug und plumpst wie ein Stein herunter.

Jetzt lacht Luis aus vollem Hals. Und Max lässt die Arme wieder sinken.

»Was spielst du denn da für einen Mist zusammen?« Jonas schnappt sich den Ball und zielt aufs Tor. »Jetzt zeig ich dir mal, wie man das richtig macht.«

Von wegen. Der Ball fliegt eine Kurve und landet wieder vor seinen Füßen. Jonas versucht es noch mal. Und noch mal. Wie ein Bumerang kommt der Ball immer wieder zurück.

Mittlerweile wälzt Luis sich vor Lachen im Gras.

»Dir wird das Lachen schon noch vergehen«, droht Max. »Zeigt ihr erst mal, was ihr draufhabt.«

Das lässt Luis sich nicht zweimal sagen. Er spielt den Ball zu Nele, die zielt aufs Tor.

»Der geht meilenweit daneben!«, höhnt Max.

Aber der Ball dreht nach links ab und fliegt genau zwischen den beiden Baumstämmen hindurch.

»Zufall«, behauptet Jonas. »Weil es keinen Torwart gab.« Mit lauerndem Blick baut er sich vor den Bäumen auf.

Wieder spielt Luis den Ball zu Nele. Beim Versuch, ihn anzunehmen, stolpert sie und der Ball kullert in Zeitlupentempo durchs Gras. Hämisch grinsend streckt Jonas die Hände nach ihm aus, doch der Ball hat offenbar andere Pläne. Mit einem Satz zischt er haarscharf über Jonas' Kopf hinweg ins Tor.

Luis ballt triumphierend die Faust. »Gewonnen!«, jubelt Nele und klatscht ihn ab.

»Na und?«, motzt Max. »Den Ball nehme ich trotzdem mit!«

Da springt der Ball in die Luft und zischt Max um die Ohren wie eine riesige Biene. Rechts, links, links, rechts, immer wieder, bis Max beinahe schwindlig wird. »Mit dem Ball stimmt was nicht«, stöhnt er und schlägt sich die Hände vors Gesicht. Wusch, eine scharfe Kehrtwendung und schon fliegt der Ball drohend auf Jonas zu. »Nichts wie weg hier!«, schreit der.

Und dann rennen die beiden, wie sie noch nie zuvor gerannt sind.

Der Ball aber rollt vor Luis' Füße und bleibt dort liegen, als sei er ein ganz normaler Fußball.